Dietrich Bonhoeffer

Ich danke dir, Gott

Das Dietrich-Bonhoeffer-Gebetbuch

Unser Christsein
wird heute nur in zweierlei bestehen:
im Beten und im Tun des Gerechten
unter den Menschen.
Alles Denken, Reden und Organisieren
in den Dingen des Christentums
muss neu geboren werden
aus diesem Beten und diesem Tun.

DBW 8.435 f.

Lasset uns danken dem Herrn,
unserem Gott, der uns
zum Frieden berufen hat
in sein ewiges Reich.

DBW 10.572 f.

Das Dietrich-Bonhoeffer-Gebetbuch

»Ich danke dir, Gott«

benno

Bibliografische Information der Deutschen Nationalbibliothek
Die Deutsche Nationalbibliothek verzeichnet diese Publikation in der Deutschen Nationalbibliografie; detaillierte bibliografische Informationen sind im Internet über http://dnb.d-nb.de abrufbar.

ISBN 978-3-7462-6319-9

Zusammenstellung: Volker Bauch, Gößnitz
Umschlaggestaltung: Ulrike Vetter, Leipzig
Umschlagabbildung: © stock.adobe.com/Scott Heaney
Gesamtherstellung: Kontext, Dresden (A)

Inhalt

Von der Kraft des Gebets – eine kleine Gebetsschule

Ein Mensch,
der betet,
kann nicht mehr Angst haben
und nicht mehr traurig sein.
Im Gebet ist Christus,
ist Gott uns nahe.

DBW 10.573

„Herr, lehre uns beten!“

So sprachen die Jünger zu Jesus. Sie bekannten damit, dass sie von sich aus nicht zu beten vermochten. Sie müssen es lernen. Beten lernen, das klingt uns widerspruchsvoll. Entweder ist das Herz so übervoll, dass es von selbst zu beten anfängt, sagen wir, oder es wird nie beten lernen. Das ist aber ein gefährlicher Irrtum, der heute freilich weit in der Christenheit verbreitet ist, als könne das Herz von Natur aus beten. Wir verwechseln dann Wünschen, Hoffen, Seufzen, Klagen, Jubeln – das alles kann das Herz von sich aus – mit Beten. Damit aber verwechseln wir Erde und Himmel, Mensch und Gott. Beten heißt ja nicht einfach das Herz ausschütten, sondern es heißt, mit seinem erfüllten oder auch leeren Herzen den Weg zu Gott finden und mit ihm zu reden. Das kann kein Mensch von sich aus, dazu braucht er Jesus Christus.

Die Jünger wollen beten, aber sie wissen nicht, wie sie es tun sollen. Das kann eine große Qual werden, mit Gott reden wollen und es nicht können, vor Gott stumm sein müssen, spüren, dass alles Rufen im eigenen Ich verhallt, dass Herz und Mund eine verkehrte Sprache sprechen, die Gott nicht hören will. In solcher Not suchen wir Menschen, die uns helfen können, die etwas vom Beten wissen. Wenn uns einer, der beten kann, in sein Gebet mit hineinnähme, wenn wir sein Gebet mitbeten dürften, dann wäre uns geholfen! Gewiss können uns erfahrene Christen hier viel helfen, aber sie können es auch nur durch den, der ihnen selbst helfen muss und zu dem sie uns weisen, wenn sie rechte Lehrer im Beten sind, durch Jesus Christus.

Wenn er uns mit in sein Gebet hineinnimmt, wenn wir sein Gebet mitbeten dürfen, wenn er uns auf seinem Wege zu Gott mit hinaufführt und uns beten lehrt, dann sind wir von der Qual der Gebetslosigkeit befreit. Das aber will Jesus Christus. Er will mit uns beten, wir beten sein Gebet mit und dürfen darum gewiss und froh sein, dass Gott uns hört. Wenn unser Wille, unser ganzes Herz, eingeht in das Gebet Christi, dann beten wir recht. Nur in Jesus Christus können wir beten, mit ihm werden auch wir erhört.
So müssen wir also beten lernen. Das Kind lernt sprechen, weil der Vater zu ihm spricht. Es lernt die Sprache des Vaters. So lernen wir zu Gott sprechen, weil Gott zu uns gesprochen hat und spricht. An der Sprache des Vaters im Himmel lernen seine Kinder mit ihm reden. Gottes eigene Worte nachsprechend, fangen wir an, zu ihm zu beten. Nicht in der falschen und verworrenen Sprache unseres Herzens, sondern in der klaren und reinen Sprache, die Gott in Jesus Christus zu uns gesprochen hat, sollen wir zu Gott reden und will er uns hören.
Gottes Sprache in Jesus Christus begegnet uns in der Heiligen Schrift. Wollen wir mit Gewissheit und Freude beten, so wird das Wort der Heiligen Schrift der feste Grund unseres Gebetes sein müssen. Hier wissen wir, dass Jesus Christus, das Wort Gottes, uns beten lehrt. Die Worte, die von Gott kommen, werden die Stufen sein, auf denen wir zu Gott finden.

Die Psalmen: Das Gebetbuch der Bibel, S. 24 f.

Die Kraft des Menschen ist das Gebet. Gewöhne dich schon als Junge daran. Beten ist Atem holen aus Gott, beten heißt sein Leben Gott hingeben und weihen, beten heißt sich Gott anvertrauen. Legst du dich abends schlafen, so falte die Hände und lass es still werden in dir und rufe Gott an, er möge zu dir kommen; und dann sage ihm, wie du den Tag verbrachtest, ob er geheiligt war oder ob er dich befleckt hat, ob du ihn in Liebe oder in Zorn, in Frieden oder in Hass, im Guten und im Bösen, in Reinheit und im Schmutz verbracht hast. Und dann bitte für deine Seele, dass Gott sie heilig und rein mache; schäme dich dann des Bösen und freue dich des Guten. Dann aber nenne vor Gottes Augen die Namen derer, die dich lieb haben, danke Gott, dass er dir deine Mutter und deinen Vater gab, dass er dir Freunde gibt, die dich lieb haben, und bitte Gott, dass er bei ihnen allen bleibe.
Und hast du einmal etwas, was du keinem Menschen anvertrauen möchtest, dann wisse, dass Gott doch alles sieht und weiß, und geh zu ihm und schütte ihm des Nachts, wenn alles still wird und schläft, dein unruhiges Herz aus und er wird dir seine Ruhe geben. Lieber Junge, wir haben manchmal vom Beten geredet, vergiss es nicht und lass dich nicht irre darin machen. Durch's Beten wirst du stark, wirst *du ein Mann.*
Die Tränen gehören zum Erhabensten, was der Mensch hat. Darum vergeude sie nicht.

DBW 10.544 f.

Schaffe dir jeden Tag einige Minuten des Alleinseins, und denke über den kommenden oder den vergangenen Tag nach, über die Menschen, die dir begegneten; denke auch über dich selbst nach und das, was dir fehlt. Aber vergrübele dich nie in dich selbst hinein, sondern lass an den einsamen Stunden den teilnehmen, der auch deine Geheimnisse kennt. Jeder von uns hat Dinge, die er nie über seine Lippen bringt, die er verbirgt wie einen geliebten Schatz in seiner Einsamkeit. Nur Gott kennt sie; so zieh Gott in deine Einsamkeit hinein.

DBW 10.544

Beten können wir nur, weil Christus da ist, in ihm hat unser Gebet seinen Grund, denn durch ihn haben wir Gott zum Vater.
Betet ohn' Unterlass, kann darum nur heißen: Euer ganzes Leben sei ein Gebet, sei hingewendet zu Gott, sei eine Antwort auf Gottes Wort in Christus.

DBW 10.572 f.

Betet ohn' Unterlass. Das ist das eine. Aber sehen, indem wir das Wort hören, spüren wir, dass sich in uns Widerspruch regt. Wir wollen von solchen Worten nicht viel wissen, wir wollen, dass der Mensch arbeitet und seine Schuldigkeit tut, ob ihm dann noch die Zeit zum Gebet bleibt – das scheint doch so wichtig nicht zu sein. Wir können eben heute nicht mehr wie in früheren Zeiten Klöster gründen, deren einzige Aufgabe es ist, dass das Gebet in ihnen nie abbricht, dass eine ewige Kette von Gebeten zum Himmel steigt. Aber nicht nur das, es ist ja allzu deutlich, dass in unsern Tagen überhaupt das Gebet nur noch wenig Raum hat. Wir sind gebetsfremd geworden, und eben darum sieht es so beängstigend bei uns aus. Aber wir wollen nicht von anderen reden. Wie steht es bei uns selbst? Wie viel Mattigkeit und Trägheit, wie viel Stumpfheit und Müdigkeit schleppen wir mit uns herum. Wie wird es uns oft schwer, nur wenige Worte aus dem lauen Herzen zu bringen, wie möchten wir manchmal so gern beten können und bringen es doch nicht fertig; und wie groß ist es, wenn es uns wirklich einmal warm ums Herz wird im Gebet zu Gott, wenn wir spüren, dass er wirklich noch lebt und redet und nur immer wartet und wartet, bis wir ihm ein Wort aus unserm Innersten sagen, bis wir rufen, damit er hören kann. Wie viele von uns leiden an dieser Gebetsarmut und -fremdheit. Und doch ist eines gewiss: die christliche Sache lebt und stirbt – was doch unmöglich ist – mit dem Gebet, das Gebet ist das Herz christlichen Lebens. Das muss gerade heute wieder ganz einfach und ernst gesagt werden. Luther hat gesagt, wie ein Schuster Schuhe macht und ein Schneider Kleider, so muss ein Christ beten. Wer nicht betet, ist kein Christ. Dass das heute nur noch so wenige wissen, liegt einfach daran, dass sie nicht mehr verstehen, was beten heißt. Beten ist nicht nur bitten und auch nicht nur danken – in unserem Text redet Paulus vom Danken erst später –, Beten heißt erstlich einmal so stille werden, dass wir Gottes Wort an uns vernehmen, heißt dann aber, diesem Wort Antwort geben, sei es in Worten oder in Taten. Beten heißt, sein Leben zu Gott hinwenden und auf sein Wort hin, das durch Christus an uns kam, unser Leben ihm ganz hingeben, anvertrauen, heißt uns ihm ans Herz werfen, heißt mit Gott zusammenwachsen, Gottes Leben in unserm Leben spüren. Beten heißt Gott nahekommen und nahe bleiben wollen, weil er uns nahegekommen ist.

DBW 10.571 f.

Christus ist aber auch die Kraft unseres Betens, und nur aus dieser Kraft können wir ohn' Unterlass beten. Aber eben weil Christus unsere Kraft ist, die uns zum Vater führt, darum macht das Gebet uns fröhlich und stark, darum kann ein Mensch, der betet, nicht mehr Angst haben und nicht mehr traurig sein. Im Gebet ist Christus, ist Gott uns nahe, und wenn wir oft mit Zittern und Zagen unsere Schuld vor Gott bringen und nur von ferne ihn anrufen wollen, so geschieht es doch immer wieder, dass, wenn wir recht rufen, Gott uns nicht ferne bleibt, sondern uns zu sich zieht, ganz nah an sich heran, uns in sein Herz schließt, all unsere Traurigkeit tröstet, unsern Kummer vertreibt und uns ein fröhliches Herz gibt. Im Gebet werden wir fröhlich, darum: Betet ohn' Unterlass, gebt euer Leben Gott hin, wendet euer Leben zu Gott. Nahet euch zu Gott, so naht er sich zu euch.

DBW 10.573

Und wenn du betest,
sollst du nicht sein wie die Heuchler,
die da gerne stehen und beten
in den Schulen und an den Ecken auf den Gassen,
auf dass sie von den Leuten gesehen werden.
Wahrlich ich sage euch:
Sie haben ihren Lohn dahin.
Wenn aber du betest,
so gehe in dein Kämmerlein
und schließ die Tür zu und bete zu deinem Vater im Verborgenen;
und dein Vater,
der in das Verborgene sieht,
wird dir's vergelten öffentlich.
Und wenn ihr betet,
sollt ihr nicht viel plappern wie die Heiden;
denn sie meinen,
sie werden erhört,
wenn sie viel Worte machen.
Darum sollt ihr euch ihnen nicht gleichstellen.
Euer Vater weiß,
was ihr bedürfet,
ehe denn ihr ihn bittet.
(Mt 6,5-8)

Jesus lehrt seine Jünger beten. Was bedeutet das? Dass wir beten dürfen, ist keine Selbstverständlichkeit. Zwar ist das Gebet ein natürliches Bedürfnis des menschlichen Herzens, aber darin hat es noch kein Recht vor Gott. Selbst dort, wo es in fester Zucht und Übung gehalten wird, kann es fruchtlos und ohne Verheißung sein. Die Jünger dürfen beten, weil Jesus es ihnen sagt, der den Vater kennt. Er verheißt ihnen, dass Gott sie erhören wird. So beten die Jünger allein, weil sie in der Gemeinschaft Jesu stehen, in seiner Nachfolge. Wer an Jesus gebunden ist in der Nachfolge, der hat durch ihn den Zugang zum Vater. Damit ist jedes rechte Gebet vermitteltes Gebet. Es gibt kein unvermitteltes Beten. Es gibt auch im Gebet keinen unmittelbaren Zugang zum Vater. Nur durch Jesus Christus können wir im Gebet den Vater finden. Die Voraussetzung des Gebetes ist der Glaube, die Bindung an Christus. Er ist der alleinige Mittler unseres Gebetes. Auf sein Wort hin beten wir. So ist unser Gebet immer an sein Wort gebundenes Gebet.

Wir beten zu Gott, an den wir durch Christus glauben. Daher kann unser Gebet niemals eine Beschwörung Gottes sein, wir brauchen uns vor ihm nicht mehr darzustellen. Wir dürfen wissen, dass er weiß, was wir bedürfen, ehe wir darum bitten. Das gibt unserem Gebet größte Zuversicht und fröhliche Gewissheit. Nicht die Formel, nicht die Zahl der Worte, sondern der Glaube fasst Gott bei seinem väterlichen Herzen, das uns längst kennt.

Das rechte Gebet ist nicht ein Werk, eine Übung, eine fromme Haltung, sondern es ist die Bitte des Kindes zum Herzen des Vaters. Darum ist das Gebet niemals demonstrativ, weder vor Gott noch vor uns selbst noch vor anderen. Wüsste Gott nicht, was ich bedarf, dann müsste ich darüber reflektieren, *wie* ich es Gott sage, was ich ihm sage, *ob* ich es ihm sage. So schließt der Glaube, aus dem ich bete, jede Reflexion, jede Demonstration aus.

Das Gebet ist das schlechthin Verborgene. Es ist der Öffentlichkeit in jeder Weise entgegengesetzt. Wer betet, kennt sich selbst nicht mehr, sondern nur noch Gott, den er anruft. Weil das Gebet nicht in die Welt hineinwirkt, sondern allein auf Gott gerichtet ist, ist es das undemonstrativste Handeln schlechthin.

Freilich gibt es auch hier die Verkehrung des Gebetes in die Demonstration, in der das Verborgene ans Licht gebracht wird. Das geschieht nicht nur durch das öffentliche Gebet, das zum Geplapper wird. Es wird heute sehr selten so geschehen. Es ist aber kein Unterschied, ja viel verderblicher, wenn ich mich selbst zum Zuschauer meines Gebetes mache, wenn ich vor mir selbst bete, sei es nun, dass ich als befriedigter Zuschauer diesen Zustand genieße, sei es, dass ich befremdet oder beschämt mich in diesem Zustand ertappe. Die Öffentlichkeit der Straße ist nur eine naivere Form der Öffentlichkeit, die ich mir selbst bereite. Ich kann mir auch in meinem Kämmerlein eine ansehnliche Demonstration veranstalten. Bis dorthin können wir Jesu Wort verzerren. Die Öffentlichkeit, die ich mir suche, besteht dann darin, dass ich zugleich der bin, der betet, wie auch der, der hört. Ich höre mich selbst an, ich erhöre mich selbst. Weil ich auf die Erhörung Gottes nicht warten will, weil ich mir nicht dermaleinst die Erhörung meines Gebets von Gott zeigen lassen will, schaffe ich mir selbst meine Erhörung. Ich stelle fest, dass ich fromm gebetet habe, und in dieser Feststellung liegt die Befriedigung der Erhörung. Mein Gebet ist erhört. Ich habe meinen Lohn dahin. Weil ich mich selbst erhört habe, wird mich Gott nicht erhören, weil ich mir selbst den Lohn der Öffentlichkeit bereitet habe, wird Gott mir keinen Lohn mehr bereiten.

DBW 4.157 f.

Wenn auch das rechte Gebet eine verborgene Sache ist, so ist damit gewiss die Gebetsgemeinschaft nicht ausgeschlossen, so deutlich auch ihre Gefahren nun geworden sein mögen. Es kommt zuletzt weder auf die Straße oder auf das Kämmerlein, noch auf kurze oder auf lange Gebete, sei es in der Litanei des Kirchengebets, sei es in dem Seufzen dessen, der nicht weiß, was er beten soll, noch auf den Einzelnen oder auf die Gemeinschaft an, sondern auf die eine Erkenntnis: Euer Vater weiß, was ihr bedürfet. Das richtet das Gebet allein auf Gott aus. Das befreit den Jünger von falscher Werkerei.

DBW 4.159 f.

Jeder Morgen ist ein neuer Anfang –

Morgen- und Abendgebete

Vor die tägliche Arbeit gehört
das morgendliche Gebet.
Nur so wird die Arbeit in der Erfüllung
des göttlichen Befehls getan.

DBW 14.873

Der Segen des Morgengebetes

Aus der gewonnenen Einheit des Tages empfängt der ganze Tag Ordnung und Zucht. Im morgendlichen Gebet muss sie gesucht und gefunden werden, in der Arbeit wird sie bewährt. Das Gebet in der Frühe entscheidet über den Tag. Vergeudete Zeit, derer wir uns schämen, Versuchungen, denen wir erliegen, Schwäche und Mutlosigkeit in der Arbeit, Unordnung und Zuchtlosigkeit in unseren Gedanken und im Umgang mit anderen Menschen haben ihren Grund sehr häufig in der Vernachlässigung des morgendlichen Gebetes.
Ordnung und Einteilung unserer Zeit wird fester, wo sie aus dem Gebete kommt. Versuchungen, die der Werktag mit sich bringt, werden überwunden aus dem Durchbruch zu Gott. Entscheidungen, die die Arbeit fordert, werden einfacher und leichter, wo sie nicht in Menschenfurcht, sondern allein vor Gottes Angesicht gefällt werden. „Alles, was ihr tut, das tut von Herzen als dem Herrn und nicht den Menschen“ (Kol 3,23).
Auch mechanisches Arbeiten wird geduldiger getan, wenn es aus der Erkenntnis Gottes und seines Befehles kommt. Die Kräfte zur Arbeit nehmen zu, wo wir Gott darum gebeten haben, er wolle uns heute die Kraft geben, die wir für unsere Arbeit brauchen.

Die Psalmen: Das Gebetbuch der Bibel, S. 71 f.

Vom ersten Aufwachen
bis zum Einschlafen
müssen wir den anderen Menschen
ganz und gar Gott befehlen
und ihm überlassen
und aus unseren Sorgen um den andren
Gebet für ihn werden lassen.

DBW 8.256

Jeder neue Morgen
ist ein neuer Anfang unsers Lebens.
Jeder Tag ist ein abgeschlossenes Ganzes.
Der heutige Tag
ist die Grenze unsers Sorgens und Mühens.
Er ist lang genug,
um Gott zu finden oder zu verlieren,
um Glauben zu halten.
Darum schuf Gott Tag und Nacht,
damit wir nicht
im Grenzenlosen wanderten,
sondern am Morgen
schon das Ziel des Abends vor uns sähen.

DBW 14.871

Der Gott aber,
der es Tag und Nacht werden lässt,
der gibt auf Zeiten des Durstes
Zeiten der Erquickung,
Gott gibt Sturm
und er gibt ruhige Fahrt.
Gott gibt Zeiten der Sorge und Angst
und Gott gibt Zeiten der Freude.

DBW 15.373 f.

Es ist ein täglich neues Gebet,
wenn wir morgens unsere Augen auftun
und wenn wir sie des Nachts schließen,
dass Gott erleuchtete Augen
des Herzens geben wolle,
die offen stehen,
wenn der Tag
unsere natürlichen Augen betrügen will
und wenn die Nacht uns böse Träume vorspiegelt.

DBW 15.528

Alles,
was wir mir Recht von Gott erwarten,
erbitten dürfen,
ist in Jesus Christus zu finden.
Was ein Gott,

so wie wir ihn uns denken,
alles es tun müsste und könnte,
damit hat der Gott Jesu Christi nichts zu tun.
Wir müssen uns immer wieder
sehr lange und sehr ruhig
in das Leben,
Sprechen,
Handeln,
Leiden und Sterben Jesu versenken,
um zu erkennen,
was Gott verheißt
und was er erfüllt.

DBW 8.572 f.

Die alte Treue Gottes allmorgendlich neu zu fassen, mitten in einem Leben mit Gott täglich ein neues Leben mit ihm beginnen zu dürfen, das ist das Geschenk, das Gott uns mit jedem neuen Morgen macht.

DBW 14.871 f.

Für stille Gebetszeit und gemeinsame Andacht muss der Morgen eine Stunde hergeben. Das ist wahrhaftig keine vergeudete Zeit. Wie könnten wir anders gerüstet den Aufgaben, Nöten und Versuchungen des Tages entgegengehen? Und ob wir auch oft nicht „in Stimmung“ dafür sind, so ist es doch schuldiger Dienst an dem, der von uns angerufen, gelobt und gebeten sein will und der uns unsern Tag nicht anders als durch sein Wort und unser Gebet segnen will.

DBW 14.473

Bevor das Herz sich der Welt aufschließt, will Gott es sich erschließen, bevor das Ohr die unzähligen Stimmen des Tages vernimmt, soll es in der Frühe die Stimme des Schöpfers und Erlösers hören. Die Stille des ersten Morgens hat Gott für sich selbst bereitet. Ihm soll sie gehören.

DBW 14.872 f.

Wir schweigen am frühen Morgen des Tages, weil Gott das erste Wort haben soll, und wir schweigen vor dem Schlafengehen, weil Gott auch das letzte Wort gehört. Wir schweigen allein um des Wortes willen, also gerade nicht, um dem Wort Unehre zu tun, sondern um es recht zu ehren und aufzunehmen. Schweigen heißt schließlich nichts anderes, als auf Gottes Wort warten und von Gottes Wort gesegnet herkommen.

DBW 5.68

Gott, zu dir rufe ich am frühen Morgen,
hilf mir beten und meine Gedanken sammeln;
ich kann es nicht allein.
In mir ist es finster, aber bei dir ist Licht,
ich bin einsam, aber du verlässt mich nicht,
ich bin kleinmütig, aber bei dir ist Hilfe,
ich bin unruhig, aber bei dir ist Frieden,
in mir ist Bitterkeit, aber bei dir ist Geduld,
ich verstehe deine Wege nicht,
aber du weißt den rechten Weg für mich.

DBW 8.204 f.

Mit ausgestreckten offenen Händen wollen wir empfangen, was Gott uns schenkt, und uns daran freuen aus ganzem Herzen und mit stillem Herzen wollen wir hingeben, was Gott uns noch nicht gewährt oder nimmt.

DBW 8.380

Dreieiniger Gott,
mein Schöpfer und mein Heiland,
dir gehört dieser Tag. Meine Zeit steht in deinen Händen.
Heiliger, barmherziger Gott,
mein Schöpfer und mein Heiland,
mein Richter und mein Erretter,
du kennst mich und alle meine Wege und Tun.
Du hasst und strafst das Böse in dieser und in jener Welt
ohne Ansehen der Person,
du vergibst Sünden
dem, der dich aufrichtig darum bittet,
und du liebst das Gute und lohnst es
auf dieser Erde mit getrostem Gewissen
und in der künftigen Welt
mit der Krone der Gerechtigkeit.
Vor dir denke ich an all die Meinen,
an die Mitgefangenen und an alle,
die in diesem Haus ihren schweren Dienst tun.
Herr erbarme dich.
Schenk mir die Freiheit wieder
und lass mich derzeit so leben,
wie ich es vor dir und vor den Menschen verantworten kann.
Herr, was dieser Tag auch bringt –
dein Name sei gelobt.

DBW 8.206

Müde erreich ich den Abend,
willkommen ist mir das Lager,
das mir Vergessen verheißt,
wenn mir Besitzen versagt ist.
Nacht, lösche aus, was brennt,
schenk mir volles Vergessen,
sei mir wohltätig, Nacht, übe dein mildes Amt,
dir vertrau ich mich an.
Aber die Nacht ist weise und mächtig,
weiser als ich und mächtiger als der Tag.
Was keine irdische Kraft vermag,
woran Gedanken und Sinne, Trotz und
Tränen verzagen müssen,
das schüttet die Nacht aus reicher Fülle über mich aus.
Unversehrt von feindseliger Zeit,
rein, frei und ganz, bringt dich der Traum zu mir,
dich, Vergangenes, dich, mein Leben,
dich, den gestrigen Tag, die gestrige Stunde.
Über deiner Nähe erwache ich mitten in tiefer Nacht
und erschrecke – bist du mir wieder verloren?
Such' ich dich ewig vergeblich,
dich, meine Vergangenheit?
Ich strecke die Hände aus und bete –
und ich erfahre das Neue:
Vergangenes kehrt dir zurück
als deines Lebens lebendigstes Stück
durch Dank und durch Reue.
Fass im Vergangenen Gottes Vergebung und Güte,
bete, dass Gott dich heut' und morgen behüte.

DBW 8.471

Vater im Himmel,
Lob und Dank sei dir für die Ruhe der Nacht.
Lob und Dank sei dir für den neuen Tag.
Lob und Dank sei dir für alle deine Güte und Treue
in meinem vergangenen Leben.
Du hast mir viel Gutes erwiesen,
lass mich nun auch das Schwere
aus deiner Hand hinnehmen.
Du wirst mir nicht mehr auferlegen, als ich tragen kann.
Du lässt deinen Kindern alle Dinge zum Besten dienen.

DBW 8.205

Herr, mein Gott,
ich danke dir,
dass du diesen Tag zu Ende gebracht hast.
Ich danke dir,
dass du Leib und Seele zur Ruhe kommen lässt.
Deine Hand war über mir
und hat mich behütet und bewahrt.
Vergib allen Kleinglauben
und alles Unrecht dieses Tages
und hilf, dass ich gern denen vergebe,
die mir unrecht getan haben.
Lass mich in Frieden unter deinem Schutze schlafen
und bewahre mich vor den Anfechtungen der Finsternis.
Ich befehle dir die Meinen,
ich befehle dir dieses Haus,
ich befehle dir meinen Leib und meine Seele.
Gott, dein heiliger Name sei gelobt.
Amen.

DBW 8.207

Dankbarkeit macht das Leben erst reich – Dankgebete

Dankbarkeit
macht das Leben erst reich.
Man überschätzt wohl leicht
das eigene Wirken und Tun
in seiner Wichtigkeit gegenüber dem,
was man nur durch andere geworden ist.

DBW 8.158

Dankbarkeit
entspringt nicht
aus dem eigenen Vermögen
des menschlichen Herzens,
sondern nur aus dem Worte Gottes.
Dankbarkeit
muss darum gelernt und geübt werden.

Dankbarkeit
sucht über der Gabe den Geber.
Sie entsteht an der Liebe,
die sie empfängt.

Dankbarkeit
ist demütig genug,
sich etwas schenken zu lassen.
Der Stolze nimmt nur,
was ihm zukommt.
Er weigert sich,
ein Geschenk zu empfangen.
Dem Dankbaren wird alles zum Geschenk,
weil er weiß, dass es für ihn
überhaupt kein verdientes Gut gibt.

DBW 16.490 f.

Wir danken Gott für das,
was er an uns getan hat.
Wir danken Gott, dass er uns Brüder gibt,
die unter seinem Ruf,
unter seiner Vergebung,
unter seiner Verheißung leben.
Wir beschweren uns nicht über das,
was Gott uns nicht gibt,
sondern wir danken Gott für das,
was er uns täglich gibt.

DBW 5.24

Dreieiniger Gott,
ich danke dir,
dass du mich erwählt und geliebt hast.
Ich danke dir für alle Wege,
die du mich führst.
Ich danke dir,
dass du mein Gott bist.
Amen.

DBW 14.860

Menschen gehen zu Gott in ihrer Not – Trostgebete

Menschen gehen zu Gott in ihrer Not,
flehen um Hilfe, bitten um Glück und Brot,
um Errettung aus Krankheit, Schuld und Tod.
So tun sie alle, alle, Christen und Heiden.

Menschen gehen zu Gott in Seiner Not,
finden ihn arm, geschmäht,
ohne Obdach und Brot,
sehen ihn verschlungen von Sünde,
Schwachheit und Tod.
Christen stehen bei Gott in Seinen Leiden.

DBW 8.515

Ich glaube,
dass Gott aus allem,
auch aus dem Bösesten,
Gutes entstehen lassen kann und will.
Dafür braucht er Menschen,
die sich alle Dinge
zum Besten dienen lassen.
Ich glaube,
dass Gott uns in jeder Notlage
so viel Widerstandskraft geben will,
wie wir brauchen.
Aber er gibt sie nicht im Voraus,
damit wir uns nicht auf uns selbst,
sondern allein auf ihn verlassen.
In solchem Glauben
müsste alle Angst vor der Zukunft
überwunden sein.
Ich glaube,
dass auch unsere Fehler und Irrtümer
nicht vergeblich sind
und dass es Gott nicht schwerer ist,
mit ihnen fertigzuwerden,
als mit unseren vermeintlichen Guttaten.

DBW 8.30 f.

Herr, Gott,
großes Elend ist über mich gekommen.
Meine Sorgen wollen mich erdrücken,
ich weiß nicht ein noch aus.
Gott, sei gnädig und hilf.
Gib Kraft zu tragen, was du schickst.
Lass die Furcht nicht über mich herrschen.
Sorge du väterlich für die Meinen,
besonders für Frau und Kinder,
schütze sie mit deiner starken Hand
vor allem Übel und vor aller Gefahr.
Barmherziger Gott,
vergib mir alles, was ich an dir
und an Menschen gesündigt habe.
Ich traue deiner Gnade
und gebe mein Leben ganz in deine Hand.
Mach du mit mir,
wie es dir gefällt und wie es gut für mich ist.
Ob ich lebe oder sterbe,
ich bin bei dir und du bist bei mir, mein Gott.
Herr, ich warte auf dein Heil und auf dein Reich.
Amen.

DBW 8.208

Heiliger Geist,
gib mir den Glauben,
der mich vor Verzweiflung und Laster rettet.
Gib mir die Liebe zu Gott und den Menschen,
die allen Hass und alle Bitterkeit vertilgt,
gib mir die Hoffnung,
die mich befreit von Furcht und Verzagtheit.
Lehre mich Jesus Christus erkennen und seinen Willen tun.

DBW 8.205 f.

Gott, verlass mich nicht,
wenn ich Schmach leiden muss;
vergib allen Gottlosen,
wie du mir vergeben hast,
und bringe uns alle
endlich durch das Kreuz
deines lieben Sohnes zu dir.
Amen.

DBW 14.859

Herr Jesus Christus,
du warst arm und elend,
gefangen und verlassen wie ich.
Du kennst alle Not der Menschen,
du bleibst bei mir, wenn kein Mensch mir beisteht,
du vergisst mich nicht und suchst mich,
du willst, dass ich dich erkenne und mich zu dir kehre.
Herr, ich höre deinen Ruf und folge.
Hilf mir!

DBW 8.205

Gott gebe,
dass wir in der einsamsten Stunde unseres Lebens
noch beten können:
Ich glaube, lieber Herr,
hilf meinem Unglauben.
Dann werden wir selig sein.

DBW 15.479

Wer bin ich? Sie sagen mir auch,
ich trüge die Tage des Unglücks
gleichmütig, lächelnd und stolz
wie einer, der Siegen gewohnt ist.

Bin ich das wirklich, was andere von mir sagen,
oder bin ich nur das, was ich selbst von mir weiß?
Unruhig, sehnsüchtig, krank, wie ein Vogel im Käfig,
ringend nach Lebensatem, als würgte mir einer die Kehle,
hungernd nach Farben, nach Blumen, nach Vogelstimmen,
dürstend nach guten Worten, nach menschlicher Nähe,
zitternd vor Zorn über Willkür und kleinlichste Kränkung,
umgetrieben vom Warten auf große Dinge,
ohnmächtig bangend um Freunde in endloser Ferne,
müde und leer zum Beten, zum Denken, zum Schaffen,
matt und bereit, von allem Abschied zu nehmen?

Wer bin ich? Der oder jener?
Bin ich denn heute dieser und morgen ein andrer?
Bin ich beides zugleich? Vor Menschen ein Heuchler
und vor mir selbst ein verächtlich wehleidiger Schwächling?
Oder gleicht, was in mir noch ist, dem geschlagenen Heer,
das in Unordnung weicht vor schon gewonnenem Sieg?

Wer bin ich? Einsames Fragen treibt mit mir Spott.
Wer ich auch bin, Du kennst mich, Dein bin ich, o Gott!

DBW 8.514

Nicht das Beliebige, sondern das Rechte tun und wagen, nicht im Möglichen schweben, das Wirkliche tapfer ergreifen, nicht in der Flucht der Gedanken, allein in der Tat ist die Freiheit. Tritt aus ängstlichem Zögern heraus in den Sturm des Geschehens, nur von Gottes Gebot und deinem Glauben getragen, und die Freiheit wird deinen Geist jauchzend umfangen.

DBW 8.571

Gott führe uns freundlich
durch diese Zeiten;
aber vor allem
führe er uns zu sich.

DBW 8.543

Tag und Nacht,
wie endlos lang und trostlos sind sie,
wenn wir ohne Gott sind.
Aber wie fröhlich wird der böseste Tag,
wenn ich Gottes Güte darin festhalte und glaube,
wenn ich weiß, dass denen, die Gott lieben,
alle Dinge zum Besten dienen müssen;
und wie still und erlösend wird die tiefste Nacht,
wenn ich in ihr zu Gott singe und bete,
zu dem Gott,
der nicht meinen Tod,
sondern mein Leben will,
zu dem Gott meines Lebens.
Gottes Verheißungen
gelten und erfüllen Tag und Nacht,
Woche um Woche,
Jahr um Jahr.
Wenn ich sie nur ergreife!
Gott; Heiliger Geist,
mache alle deine Verheißungen wahr an mir.
Ich bin bereit,
Tag und Nacht.
Erfülle du mich ganz.
Amen.

DBW 14.857

Herr,
unser Glaube und unsere Hoffnung
ist so schwach. Wir wagen es nicht
unser Leben ganz auf deine Verheißung zu setzen.
Wir zweifeln an deiner Macht.
Herr, vergib dem Zweifler und dem Hoffnungslosen
und gib uns heute noch deine Verheißung neu.
Herr, erbarme dich unser …

DBW 10.522

Vater,
wenn du mich in die Fremde schickst,
dann erhalte mir die heilsame Sehnsucht
nach meiner geistlichen Heimat
und richte meine Gedanken auf die ewige Heimat,
in der du uns trösten wirst.
Amen.

DBW 14.856

Gott, wo bist du?
Gott, wer bist du?
Gott, wer bin ich?
Mein Leben zerfällt,
stürzt ins Bodenlose,
Gott, mir wird angst.
Wo bleibt deine Güte?
Jedoch, du bist mein Gott
und deine Güte ist besser
denn mein Leben.

DBW 11.379

Wir alle,
jeder Einzelne für sich
und wir als Gesamtheit,
fühlen die drückende Last unserer Ketten.
Gott,
wir schreien nach Freiheit.
Aber, o Gott, bewahre uns,
dass wir kein lügnerisches Bild der Freiheit erträumen
und in der Lüge bleiben.
Gib du uns die Freiheit,
die uns ganz auf dich, auf deine Gnade wirft.
Herr, mach uns mit deiner Wahrheit,
die unser Herr Jesus Christus ist, frei.
Herr, wir warten auf deine Wahrheit.

DBW 11.462 f.

Herr Jesus Christus,
lass mich nicht versinken!
Sprich dein starkes Wort und errette mich!
Du allein kannst es.
Amen.

DBW 14.857

Ich gerate in Zweifel,
Gott bleibt fest wie ein Fels;
ich schwanke,
Gott steht unerschütterlich;
ich werde untreu,
Gott bleibt treu,
Gott mein Fels.
Herr, mein Gott,
sei mir ein fester Grund,
auf den ich in dieser und in jener Zeit bauen kann.
Amen.

DBW 14.858

Herr, Gott,
erwecke in meiner Seele
das große Verlangen nach dir.
Du kennst mich und ich kenne dich.
Hilf mir
dich suchen und finden.
Amen.

DBW 14.853

Ich glaube,
dass Gott kein zeitloses Fatum ist,
sondern dass er auf aufrichtige Gebete
und verantwortliche Taten
wartet und antwortet.

DBW 8.31

Herr, lass uns nicht mit leeren Worten
und frommen Sprüchen umgehen,
sondern zeige uns,
dass Liebe besser ist als Wortemachen,
und Gehorsam besser ist als Argumente.
Wir sind immer wieder auf der Flucht vor Deinem Gebot
mit Worten und allerlei frommen Sprüchen.
Halt uns fest,
nimm uns gefangen,
zwing uns unter Dein Wort,
das heute gilt,
lass uns heute tun, was wir heute tun können,
und lass es uns tun im Glauben.

DBW 13.420 f.

Mag sein,
dass der Jüngste Tag morgen anbricht,
dann wollen wir gern
die Arbeit für eine bessere Zukunft
aus der Hand legen,
vorher aber nicht.

DBW 8.36

Ich kann nicht glauben,
dass es bei Gott auf den Tag ankommt.
So darf man im Vertrauen
auf Gottes freundliche Fügung
getrost etwas warten,
um später
mit stärkerem Glauben
tun zu können,
was man im Augenblick
nur als ein lastendes Gesetz
empfinden würde.

DBW 8.364

Die mit Tränen säen,
werden mit Freuden ernten.
Sie gehen hin und weinen
und tragen edle Samen
und kommen mit Freuden

und bringen ihre Garben.
Ehre sei … Der Herr sei …
Herr, Gott,
sieh doch auf deine Welt.
Hunger und Durst,
keine Heimat, keine Arbeit,
Tränen und Verzweiflung;
Gott,
sind das die Kinder
deiner Barmherzigkeit?
Ist das die Welt,
die du geschaffen hast?
Ach,
wir müssen furchtbar fern von dir sein,
dass deine Geschöpfe so leiden müssen.
Wir sind bald am Ende.
Wir glauben nichts mehr
und wir hoffen nichts mehr.
Nun komm du,
o Gott,
und brich all dies Elend,
all den Jammer,
verbirg uns doch nicht die Verheißung,
dass du einen neuen Himmel
und eine neue Erde schaffen willst.
Dass du die Armen und Elenden,
Bekümmerten und Leidtragenden
in dein Reich geladen hast.
Gott,
mach uns wieder froh.

DBW 10.522

Herr, du hast mich überredet
und ich habe mich überreden lassen.
Du bist mir zu stark geworden
und hast gewonnen.
Gott,
du hast es mit mir angefangen.
Du hast mir nachgestellt,
hast mich nicht loslassen wollen,
bist mir immer wieder hier
oder dort plötzlich in den Weg getreten,
hast mich verlockt und betört,
hast dir mein Herz gefügig und willig gemacht,
hast zu mir geredet von deiner Sehnsucht
und ewigen Liebe,
von deiner Treue und Stärke;
als ich Kraft suchte, stärktest du mich,
als ich Halt suchte, hieltst du mich,
als ich Vergebung suchte, vergabst du mir die Schuld.
Ich hatte nicht gewollt,
aber du überwandest meinen Willen,
meinen Widerstand,
mein Herz,
Gott, du verführtest mich unwiderstehlich,
dass ich mich dir hingab.
Herr, du hast mich überredet
und ich habe mich überreden lassen.
Wie einen Ahnungslosen hast du mich gefasst
– und nun kann ich nicht mehr von dir los,
nun schleppst du mich davon als deine Beute,
bindest uns an deinen Siegeswagen
und schleifst uns hinter dir her,
dass wir geschunden und zermartert

an deinem Triumphzug teilnehmen.
Konnten wir es wissen,
dass deine Liebe so wehtut,
dass deine Gnade so hart ist?
Du bist mir zu stark geworden
und hast gewonnen.
Als der Gedanke an dich in mir stark wurde,
da wurde ich schwach.
Als du über mich gewannst,
da war ich verloren;
da war mein Wille gebrochen,
da war meine Kraft zu gering,
da musste ich den Weg des Leidens gehen,
da konnte ich dir nicht mehr widerstreben,
da konnte ich nicht mehr zurück,
da war die Entscheidung über mein Leben gefallen.
Nicht ich habe entschieden,
du hast entschieden.
Du hast mich an dich gebunden
auf Gedeih und Verderb.
Gott, warum bist du uns so furchtbar nahe?

DBW 13.348 f.

Drei Dinge sind es,
für die der Christ am Tage
eine feste Zeit für sich allein braucht:
die *Schriftbetrachtung*,
das *Gebet*,
die *Fürbitte*.
Alle drei soll er
in der täglichen *Meditationszeit* finden.

DBW 5.69

Gewiss ist, dass wir immer in der Nähe und unter der Gegenwart Gottes leben dürfen
und dass dieses Leben für uns ein ganz neues Leben ist;
dass es für uns nichts Unmögliches mehr gibt, weil es für Gott nichts Unmögliches gibt;
dass keine irdische Macht uns anrühren kann ohne Gottes Willen,
und dass Gefahr und Not uns nur näher zu Gott treibt;
gewiss ist, dass wir nichts zu beanspruchen haben und doch alles erbitten dürfen;
gewiss ist, dass im Leiden unsre Freude, im Sterben unser Leben verborgen ist;
gewiss ist, dass wir in dem allen in einer Gemeinschaft stehen, die uns trägt.
Zu all dem hat Gott in Jesus Ja und Amen gesagt.
Dieses Ja und Amen ist der feste Boden, auf dem wir stehen.

DBW 8.573

Lasst uns versöhnen mit Gott – Gebete der Versöhnung

Herr, unser Gott,
lass uns deine Barmherzigkeit erfahren,
dass wir Barmherzigkeit üben ohne Ende!

DBW 14.911

Lasset euch versöhnen mit Gott.
D. h. doch nichts anderes als:
Lasset euch ein Königreich schenken,
lasset euch den Himmel zum Geschenk geben,
lasset euch die Liebe des Höchsten,
des Herrn aller Welt, schenken,
werdet seine Freunde, seine Kinder, seine Schützlinge:
Kommt, ergebt euch ihm und seinem Willen
und ihr werdet frei sein von allem Bösen,
von aller Schuld, von allen Fesseln.
Ihr werdet frei sein von euch selbst,
ihr werdet die Heimat gefunden haben,
ihr werdet zu Hause sein bei eurem Vater.

DBW 13.318

Vergebung ist ohne Anfang und Ende,
sie geschieht täglich unaufhörlich,
denn sie kommt von Gott.
Das ist Befreiung aus allem Krampfhaften
im Zusammensein mit dem Nächsten,
denn hier werden wir befreit von uns selbst,
hier dürfen wir alles eigene Recht aufgeben
und dem andern allein helfen und dienen.

DBW 14.908

Gott, Heiliger Geist,
schenke mir Brüder,
mit denen ich im Glauben
und Gebet Gemeinschaft habe,
mit denen ich alles tragen kann,
was mir auferlegt ist.
Führe mich zurück
in deine Kirche,
zu deinem Wort
und zum heiligen Abendmahl.
Amen.

DBW 14.855

Herr,
mache mich frei von mir selbst.
Gottes Wahrheit allein
lässt mich den andern sehen.
Sie richtet meinen in mich verbogenen Blick
über mich hinaus
und zeigt ihm den anderen Menschen.
Gottes Wahrheit ist Gottes Liebe
und Gottes Liebe macht uns frei
von uns selbst
für den andern.

DBW 11.461

Durst nach Gott.
Wir kennen den leiblichen Durst,
wenn kein Wasser da ist,
wir kennen den Durst der Leidenschaft
nach Glück und Leben.
Kennen wir auch den Durst der Seele nach Gott?
Ein Gott,
der nur ein Gedanke oder ein Ideal ist,
kann diesen Durst niemals stillen.
Nach dem lebendigen Gott,
dem Gott und Ursprung allen wahren Lebens,
dürstet unsere Seele.
Wann wird er unseren Durst stillen?
Wenn wir dahin kommen, dass wir sein Angesicht schauen.
Gottes Angesicht schauen,
das ist das Ziel allen Lebens und das ewige Leben.
Wir sehen es in Jesus Christus, dem Gekreuzigten.
Haben wir es hier gefunden,
dann dürsten wir danach,
es in aller Klarheit in Ewigkeit zu schauen.
Jesus spricht: „Wen da dürstet, der komme zu mir
und trinke“ (Joh 7,37).
Herr, uns verlangt, dich zuschauen
von Angesicht zu Angesicht.
Amen.

DBW 14.853

Herr Jesus,
wenn ich angefochten bin,
weil ich Gott und seine Macht
und Liebe nicht sehen kann
in dieser Welt,
so lass mich fest auf dich blicken,
denn du bist mein Herr und mein Gott.
Amen.

DBW 14.854

Finden wir Gottes Frieden.
Drei große Dinge sind es,
in denen sich der Friede Gottes bewährt:
dass einer sich für den anderen opfern kann,
beten, Sünder vergeben.
Aus welcher Kraft?
Weil Gott Frieden mit uns gemacht hat,
darum haben wir Frieden,
auch wenn es ganz anders aussieht,
darum haben wir Hoffnung.
Darum kann es auch in Eurer Ehe Friede werden,
weil Christus eingezogen ist.
Darum wird Eure Ehe ein Stück Kirche werden,
die in dieser und jener Welt
in Gottes Frieden lebt.
Amen.

DBW 13.420

Wir sind unversöhnte Menschen
– das ist unser Geheimnis,
das allein Christus erkannt hat.
Wir sind unversöhnte Menschen,
daher unsere Sorgen, unsere Selbstsucht,
unsere Unfreundlichkeit, unser Misstrauen,
daher unsere Unwahrheit und Feigheit,
daher unsere Einsamkeit und daher unsere Schuld.
Lasset euch versöhnen mit Gott –
gebt ihm sein Recht über euch und ihr findet mit Gott
auch den Bruder, den Nächsten wieder,
lasset euch versöhnen mit Gott,
so seid ihr versöhnt mit eurem Bruder.
Blickt in diesen Abgrund eurer Seelen hinein.
Lasst euch von Christus fragen,
ob ihr versöhnt seid mit Gott
oder mit ihm zerfallen und in Unfrieden,
und dann blickt auf ihn
und kehrt zu Gott zurück.
Gebt ihm euer unversöhntes und unversöhnliches Herz.
Und er wird euch ein neues Herz geben.
Herr, gib uns allen ein neues Herz,
das dir bereit und gehorsam sei,
ein Herz, das den Bruder liebe
und zu dir für die Gemeinde bete.
Herr, gib einen guten Anfang,
tu uns dein väterliches Herz auf
und führe uns dermaleinst heim
in das Reich der ewigen Versöhnung
durch Christus, den Herrn! Amen.

DBW 13.319

Von guten Mächten – mit Gott durch das Jahr

Von guten Mächten treu und still umgeben,
behütet und getröstet wunderbar –
so will ich diese Tage mit euch leben
und mit euch gehen in ein neues Jahr.

DBW 8.607 f.

Christus klopft an,
noch ist nicht Weihnachten,
aber noch ist's auch nicht
der große letzte Advent,
das letzte Kommen Christi,
und durch alle Advente unseres Lebens,
die wir feiern, geht die Sehnsucht
nach dem letzten Advent, wo es heißt:
Siehe, ich mache alles neu
(Offb 21,5).

DBW 10.533

Sehet auf, erhebet eure Häupter. Advent schafft Menschen, neue Menschen. Neue Menschen sollen auch wir im Advent werden.

DBW 13.336

Bleib stehen vor diesem Wort! Gott ist ein Kind geworden! Hier ist es arm wie wir, elend und hilflos wie wir, ein Mensch von Fleisch und Blut wie wir, unser Bruder. Und doch ist es Gott, doch ist es Kraft!

DBW 16.636f.

Jesus Christus den Menschen zugute ein Mensch geworden im Stall zu Bethlehem
– freue dich, oh Christenheit.
Jesus Christus den Sündern ein Geselle geworden unter Zöllnern und Dirnen
– freue dich, oh Christenheit.
Jesus Christus den Gerichteten zugute ein Gerichteter geworden am Kreuz zu Golgatha
– freue dich, oh Christenheit.
Jesus Christus uns allen zugute zum Leben erstanden
– freue dich, oh Christenheit.
Jesus Christus – seiner Gemeinde zugute von dieser Erde heimgekehrt
in sein himmlisches Reich
– freue dich, oh Christenheit.
Jesus Christus, von Gott gekommen und zu Gott gehend
– das ist nicht eine neue Welt von Problemen,
von Fragen und Antworten,
d. h. nicht ein neues moralisches Gesetz,
d. h. nicht eine neue Last zu den Lasten,
die der Mensch schon zu tragen hat,
es heißt eigentlich und vor allem Gottes Freude in der Welt,
Gottes Freude in der nach Freude hungernden Menschheit angezündet.
Tausendfach fragen sie heute: Wo ist der Weg zur Freude?
Kirche Christi, du weißt es allein, sagt es laut: Christus, meine Freude.

DBW 12.455

Von guten Mächten treu und still umgeben,
behütet und getröstet wunderbar –
so will ich diese Tage mit euch leben
und mit euch gehen in ein neues Jahr;

noch will das alte unsre Herzen quälen,
noch drückt uns böser Tage schwere Last.
Ach Herr, gib unsern aufgeschreckten Seelen
das Heil, für das Du uns geschaffen hast.

Und reichst Du uns den schweren Kelch, den bittern,
des Leids, gefüllt bis an den höchsten Rand,
so nehmen wir ihn dankbar ohne Zittern
aus Deiner guten und geliebten Hand.

Doch willst Du uns noch einmal Freude schenken
an dieser Welt und ihrer Sonne Glanz,
dann woll'n wir des Vergangenen gedenken,
und dann gehört Dir unser Leben ganz.

Lass warm und hell die Kerzen heute flammen,
die Du in unsre Dunkelheit gebracht.
Führ, wenn es sein kann, wieder uns zusammen!
Wir wissen es, Dein Licht scheint in der Nacht.

Wenn sich die Stille nun tief um uns breitet,
so lass uns hören jenen vollen Klang
der Welt, die unsichtbar sich um uns weitet,
all Deiner Kinder hohen Lobgesang.

Von guten Mächten wunderbar geborgen,
erwarten wir getrost, was kommen mag.
Gott ist bei uns am Abend und am Morgen
und ganz gewiss an jedem neuen Tag.

DBW 8.607 f.

Wir preisen dich, Herr,
dass du alle Dinge in deiner Hand hast
und alles so herrlich regierst.
Du führst die Deinen
um Christi willen
durch alles Bedrängnis und Feindschaft
sicher nach deinem Rat.
Leite auch im neuen Jahr deine Gemeinde
und alle ihre Glieder auf rechter Straße
um deines Namens willen.
Amen.

DBW 15.498

Vater unser im Himmel – eine Meditation

„Darum sollt ihr also beten:
Unser Vater in dem Himmel!
Dein Name werde geheiligt.
Dein Reich komme.
Dein Wille geschehe auf Erden wie im Himmel.
Unser täglich Brot gib uns heute.
Und vergib uns unsere Schuld,
wie wir unseren Schuldigern vergeben.
Und führe uns nicht in Versuchung,
sondern erlöse uns von dem Übel.
Denn dein ist das Reich und
die Kraft und die Herrlichkeit in Ewigkeit.
Amen.
Denn so ihr den Menschen ihre Fehler vergebet,
so wird euch euer himmlischer Vater auch vergeben.
Wo ihr aber den Menschen ihre Fehler nicht vergebet,
so wird euch euer Vater eure Fehler auch nicht vergeben."
(Mt 6,9-15)

Jesus hat seinen Jüngern nicht nur gesagt,
wie sie beten sollen, sondern auch *was* sie beten sollen. Das Vaterunser ist nicht ein Beispiel für das Gebet der Jünger, sondern so *soll* gebetet werden, wie es Jesus sie gelehrt hat. Mit diesem Gebet werden sie von Gott erhört werden, das ist gewiss. Das Vaterunser ist das Gebet schlechthin. Alles Beten der Jünger hat in ihm sein Wesen und seine Grenze. Jesus lässt seine Jünger auch hier nicht im Ungewissen, er führt sie mit dem Vaterunser in die vollkommene Klarheit des Gebetes.

„Vater unser, der du bist im Himmel" –
gemeinsam rufen die Nachfolgenden ihren himmlischen Vater an, der schon alles weiß, was seine lieben Kinder bedürfen. Zu Brüdern sind sie gemacht durch den Ruf Jesu, der sie verbindet. In Jesus haben sie die Freundlichkeit des Vaters erkannt. Im Namen des Sohnes Gottes dürfen sie Gott ihren Vater nennen. Sie sind auf Erden und ihr Vater ist im Himmel. Er sieht herab auf sie, sie heben ihre Augen auf zu ihm.

„Geheiligt werde dein Name." –
Gottes väterlicher Name, wie er den Nachfolgenden in Jesus Christus offenbart ist, soll heilig gehalten sein unter den Jüngern; denn in diesem Namen ist das ganze Evangelium beschlossen. Gott wolle es nicht zulassen, dass sein heiliges Evangelium verdunkelt und verdorben wird durch falsche Lehre und unheiliges Leben. Gott wolle den Jüngern fort und fort seinen heiligen Namen in Jesus Christus offenbar werden lassen. Er leite alle Prediger zur lauteren Verkündigung des selig machenden Evangeliums. Er wehre den Verführern und bekehre die Feinde seines Namens.

„Dein Reich komme." –
In Jesus Christus haben die Nachfolgenden den Anbruch des Reiches Gottes auf Erden erfahren. Hier ist der Satan überwunden, die Macht der Welt, der Sünde und des Todes gebrochen. Noch steht Gottes Reich im Leiden und im Kampf. Die kleine Gemeinde der Herausgerufenen hat daran teilbekommen. Sie stehen unter der Königsherrschaft Gottes in neuer Gerechtigkeit, aber mitten unter Verfolgung. Gott wolle das Reich Jesu Christi auf Erden in seiner Gemeinde wachsen lassen, er wolle den Reichen dieser Welt bald ein Ende bereiten und sein Reich mit Macht und Herrlichkeit herbeiführen.

„Dein Wille geschehe auf Erden wie im Himmel." – In der Gemeinschaft Jesu Christi haben die Nachfolgenden ihren Willen ganz an Gottes Willen hingegeben. Sie beten darum, dass Gottes Wille auf der ganzen Erde geschehen möge. Kein Geschöpf soll ihm widerstreben. Weil aber auch in den Nachfolgenden noch der böse Wille lebt, der sie aus der Gemeinschaft Jesu herausreißen will, darum beten sie auch, dass Gottes Wille in ihnen täglich mehr zur Herrschaft komme und allen Trotz breche. Zuletzt aber soll alle Welt sich dem Willen Gottes beugen, ihn dankbar anbeten in Not und in Freude. Himmel und Erde sollen Gott unterworfen sein.

Um Gottes Namen, um Gottes Reich, um Gottes Willen sollen die Jünger Jesu vor allem beten. Zwar bedarf Gott dieses Gebetes nicht, aber durch dieses Gebet sollen die Jünger selbst teilbekommen an den himmlischen Gütern, um die sie bitten. Auch dürfen sie durch solches Gebet das Ende schneller herbeiführen helfen.

„Unser täglich Brot gib uns heute."
Solange die Jünger auf Erden sind, sollen sie sich nicht schämen, von ihrem himmlischen Vater die Güter des leiblichen Lebens zu erbitten. Der die Menschen auf Erden erschaffen hat, will ihren Leib erhalten und behüten. Er will nicht, dass seine Schöpfung verächtlich gemacht werde. Es ist ein gemeinsames Brot, um das die Jünger bitten. Keiner soll es für sich allein haben. Sie bitten auch, dass Gott allen seinen Kindern auf der ganzen Erde das tägliche Brot gebe; denn sie sind ihre Brüder nach dem Leib. Die Jünger wissen, dass das Brot, das aus der Erde wächst, von oben herabkommt und Gottes Gabe allein ist. Darum nehmen sie sich nicht das Brot, sondern sie erbitten es. Weil es Brot von Gott ist, darum kommt es täglich neu. Nicht um Vorrat bitten die Nachfolgenden, sondern um die tägliche Gabe Gottes heute, durch die sie ihr Leben in der Gemeinschaft Jesu fristen können und über dem sie Gottes milde Güte preisen. In dieser Bitte erprobt sich der Glaube der Jünger an das lebendige Wirken Gottes auf Erden zu ihrem Besten.

„Vergib uns unsere Schuld, wie wir unseren Schuldigern vergeben."

Die Erkenntnis ihrer Schuld ist die tägliche Klage der Nachfolgenden. Die in der Gemeinschaft Jesu ohne Sünde leben dürften, sündigen täglich durch allerlei Unglauben, Trägheit zum Gebet, Zuchtlosigkeit des Leibes, durch allerlei Selbstgefälligkeit, Neid, Hass und Ehrgeiz. Darum sollen sie täglich um Gottes Vergebung bitten. Gott aber will ihre Bitte nur erhören, wenn sie auch einander brüderlich und willig ihre Schuld vergeben. So tragen sie gemeinsam ihre Schuld vor Gott und bitten gemeinsam um Gnade. Gott wolle nicht nur mir meine Schuld, sondern uns unsere Schuld vergeben.

„Führe uns nicht in Versuchung."
Vielfältig sind die Versuchungen der Nachfolgenden. Von allen Seiten greift sie der Satan an und will sie zu Fall bringen. Falsche Sicherheit und gottloser Zweifel ficht sie hart an. Die Jünger, die um ihre Schwachheit wissen, fordern die Versuchungen nicht heraus, um an ihnen die Kraft ihres Glaubens zu erweisen. Sie bitten Gott, ihren schwachen Glauben nicht zu versuchen und sie in der Stunde der Anfechtung zu bewahren.

„Sondern erlöse uns von dem Übel."
Als Letztes sollen die Jünger bitten, von dieser argen Welt einmal erlöst zu werden und das himmlische Reich zu ererben. Es ist die Bitte um ein seliges Ende und um die Rettung der Gemeinde in den letzten Zeiten dieser Welt.

„Denn dein ist das Reich ...“
Diese Gewissheit empfangen die Jünger täglich neu aus der Gemeinschaft mit *Jesus Christus, in dem die Erfüllung aller ihrer Bitten liegt.* In ihm wird Gottes Name geheiligt, in ihm kommt Gottes Reich, in ihm geschieht Gottes Wille. Um seinetwillen wird das leibliche Leben der Jünger erhalten, um seinetwillen empfangen sie Vergebung ihrer Schuld, in seiner Kraft werden sie bewahrt in der Anfechtung, in seiner Kratt werden sie errettet zu ewigem Leben.

Sein ist das Reich und die Kraft und die Herrlichkeit in Ewigkeit
in der Gemeinschaft des Vaters. Des sind die Jünger gewiss.
Wie zur Zusammenfassung des Gebetes sagt Jesus noch einmal, dass alles daran hängt, dass sie Vergebung empfangen und dass diese Vergebung ihnen nur zuteilwird als der Bruderschaft der Sünder.

DBW 4.157 ff.

Schlusssatz

Unsere Wünsche richten sich auf eine Besserung der Welt, unser Gebet fängt bei uns selbst an. Wie sehnlich verlangen wir oft danach, dass die Menschen anders würden, dass das Böse in der Welt ein Ende hätte und neue Gerechtigkeit einzöge. Aber mit alledem richten wir nichts aus. Alle Umkehr und Erneuerung muss bei mir selbst anfangen. „Ach, dass mein Weg gerichtet wäre auf das Halten deiner Satzungen." Das ist ein Gebet, das Verheißung hat. „Der Faule stirbt über seinem Wünschen; denn seine Hände wollen nichts tun" (Spr 21,25). Hier aber gibt es alle Hände voll zu tun. Dieses Gebet führt unverzüglich zur Tat, und zwar dort, wo sie am nötigsten ist, bei mir selbst. Aber freilich, diese Tat kann nur aus dem Gebet kommen, sonst ist sie auch verloren. „Ach, dass *mein* Leben" ... Ebenso wenig wie der Blick auf die Schlechtigkeit der anderen hilft mir aber die bloße Bewunderung ihrer Frömmigkeit, wenn nicht *mein* eigenes Leben zurechtkommt, wenn nicht auch ich fromm sein kann. Aus den vielen Zielen, die mein Lebensweg hat, muss ein einziges Ziel werden, aus den verschiedenen Richtungen, in denen ich laufe, eine einzige Richtung: Gottes Satzungen. Aus dem krummen und verschlungenen soll ein gerader Weg werden der „nit verhindert und krumm werde durch Menschenlehr" (Luther). Gottes „Satzungen", das ist das Feststehende, von Gott für alle Zeiten Aufgezeichnete.

DBW 15.511

Zeittafel

1906
Geburt der Zwillinge Sabine und Dietrich Bonhoeffer am 4. Februar in Breslau

1912
Die Familie zieht nach Berlin.

1923–27
Studium der Theologie in Tübingen, Rom und Berlin

1927
D. Bonhoeffer promoviert in Berlin mit der Arbeit „Sanctorum communio“.

1928
Erstes Theologisches Examen und anschließendes Vikariat in Barcelona

1929/30
Assistent an der Theologischen Fakultät in Berlin

1930
Zweites Theologisches Examen und Habilitation, anschließend Studienaufenthalt in New York

1931–33
Pfarrer an der Technischen Hochschule in Berlin

1933–35
Betreuung der deutschen evangelischen Gemeinde in London

1934
Teilnahme an der ökumenischen Tagung auf Fanö (Dänemark) als Leiter der deutschen Jugenddelegation

1935–37
Leitung des Predigerseminars der „Bekennenden Kirche“ in Finkenwalde

1936
Entzug der offiziellen Lehrerlaubnis
1937
Das Buch „Nachfolge" erscheint.
1937
Schließung des Predigerseminars durch die Gestapo, Weiterführung der Arbeit illegal in Sammelvikariaten
1940
Beginn der konspirativen Tätigkeit als Kurier der Widerstandsgruppe
1940
Rede- und Schreibverbot
1942
Treffen mit Bischof George Bell in Schweden
1943
Verlobung mit Maria von Wedemeyer am 7. Januar, am 5. April wird Dietrich Bonhoeffer von der Gestapo wegen der Beschuldigung der Wehrkraftzersetzung verhaftet.
1943–45
Inhaftierung im Militärgefängnis Berlin-Tegel
1945
Verschleppung Bonhoeffers in das KZ Flossenbürg, am 8. April wird Dietrich Bonhoeffer von einem SS Standgericht zum Tode verurteilt und am 9. April hingerichtet.
1996
Rehabilitierung Bonhoeffers und Aufhebung des Todesurteils

Quellenverzeichnis

Bilder
Seite 6: © stock.adobe.com/rawpixelcom
Seite 18: © stock.adobe.com/eyetronic
Seite 30: © stock.adobe.com/emotionpicture
Seite 34: © stock.adobe.com/EKH-Pictures
Seite 54: © stock.adobe.com/donwinni
Seite 62: © stock.adobe.com/Wolfilser
Seite 68: © stock.adobe.com/satori

Texte
Sofern nicht anders angegeben, stammen alle Zitate aus der historisch-kritischen Ausgabe der Werke Dietrich Bonhoeffers (DBW):
DBW 4: Nachfolge
DBW 5: Gemeinsames Leben / Das Gebetbuch der Bibel
DBW 8: Widerstand und Ergebung. Briefe und Aufzeichnungen aus der Haft
DBW 10: Barcelona, Berlin, Amerika 1928–1931
DBW 11: Ökumene, Universität, Pfarramt 1931–1932
DBW 12: Berlin 1932–1933
DBW 13: London 1933–1935
DBW 14: Illegale Theologenausbildung: Finkenwalde 1935–1937
DBW 15: Illegale Theologenausbildung: Sammelvikariate 1937–1940
DBW 16: Konspiration und Haft 1940–1945